TECHNOLOGY JOURNAL

DATE: _____

DATE: _____

DATE: _____

DATE: _____

DATE: _____

DATE: _____

DATE: _____

DATE: _____

DATE: _____

DATE: _____

DATE: _____

DATE: _____

DATE: _____

DATE: _____

DATE: _____

DATE: _____

DATE: _____

DATE: _____

DATE: _____

DATE: _____

DATE: _____

DATE: _____

DATE: _____

DATE: _____

DATE: _____

DATE: _____

DATE: _____

DATE: _____

DATE: _____

DATE: _____

DATE: _____

DATE: _____

DATE: _____

DATE: _____

DATE: _____

DATE: _____

DATE: _____

DATE: _____

DATE: _____

DATE: _____

DATE: _____

DATE: _____

DATE: _____

DATE: _____

DATE: _____

DATE: _____

DATE: _____